LES

COSAQUES

A MONTDIDIER

ÉPISODE DE L'INVASION DE 1814

PAR

M. CH. DUMAS

PARIS

IMPRIMERIE ÉDOUARD BLOT

46, RUE SAINT-LOUIS, 46

1862

LES

COSAQUES

A MONTDIDIER

« — Sire Gautier, reprit alors le roi, dites au capitaine de
» Calais que la plus grande grâce que lui et les siens puissent
» trouver en moi, c'est que partent de la ville six des plus no-
» tables bourgeois, les chefs nus, les pieds déchaux, la hart au
» col et les clefs de la ville et du châtel en leurs mains : de
» ceux-là je ferai ma volonté ; le demeurant je prendrai à merci. »

» Quand messire Jehan de Vienne sut la réponse du roi, il vint au marché et fit sonner la cloche, et s'assemblèrent en la halle hommes et femmes de la ville. Il leur rapporta les paroles du roi Edouard... lors commencèrent à pleurer...

» Alors se leva le plus riche bourgeois de la ville qu'on appelait messire Eustache de Saint-Pierre et dit devant tous :
« Grand'pitié serait-ce de laisser mourir tout ce peuple par fa-
» mine ou autrement, quand on y peut trouver remède. J'ai si
» grande espérance d'avoir pardon de Notre Seigneur si je meurs
» pour ce peuple sauver, que je veux être le premier. »

» Secondement un autre bourgeois se leva ; on appelait celui-là Jehan d'Aire. Après se leva Jacques de Wissant, puis Pierre de Wissant, puis un cinquième et un sixième bourgeois. (3 août 1347) *. »

Avant de raconter un trait de courageux dévouement qui égale à nos yeux celui d'Eustache de Saint-Pierre, nous avons voulu relire cette page du seul historien contemporain qui ait tenu à honneur de conserver un souvenir si glorieux. Peut-on se défendre d'un sentiment de regret en lisant ces mots : *puis un cinquième et un sixième bourgeois ?* Ainsi pour ceux-là pas de nom ! En vain ils se placèrent aux côtés d'Eustache, en vain ils s'offrirent volontairement en expiation, et s'associèrent à un dévouement qui serait resté inutile, s'ils n'avaient complété le nombre des victimes qu'exigeait la colère du roi anglais : l'histoire ne les a pas nommés. « Pour un souvenir mille oublis, » a dit un sage. Ici du moins ce n'est qu'un oubli partiel, et si deux noms sont restés inconnus, le souvenir des faits a été précieusement conservé. Mais combien de grandes et nobles actions, honneur du passé, leçons pour l'avenir, s'effacent peu à peu de la mémoire du petit nombre d'hommes qui en ont été les témoins et tombent dans la nuit de l'oubli ! C'est que l'histoire, nous parlons de la grande histoire, n'a pas le temps de s'arrêter aux détails ; elle trace à grands traits les tableaux qu'elle nous présente, elle met en lumière les événements retentissants qui influent sur les destinées générales des peuples, les grandes batailles, les trônes perdus ou reconquis, et elle laisse dans l'ombre d'autres faits glorieux sans doute, mais qui n'intéressent que quelques-uns des acteurs obscurs du drame humain. Sans remonter à des temps éloignés, reportons-nous seulement aux premières années de ce siècle : la grande histoire toute occupée à peindre un vaste tableau d'ensemble et à rattacher par un lien commun les gigantesques événements de 1814, aura-t-elle un regard pour chacune des provinces françaises envahies par les armées de

* Chroniques de Froissart, chap. cccxi.

l'Europe? Au moment où elle assiste à la capitulation de Paris, devra-t-elle se préoccuper de ce que devient une des villes de la Picardie? Non, sans doute; mais nous, qui éprouverions quelque bonheur à retrouver les noms *du cinquième et du sixième bourgeois* de Calais, nous pensons qu'on peut glaner après la grande histoire et que ramasser les épis qu'elle a dédaignés est encore une assez belle tâche.

Montdidier, chef-lieu d'arrondissement, situé à une distance à peu près égale de Beauvais et d'Amiens, est la première ville du département de la Somme que l'on rencontre en venant de Paris. Le 19 mars 1814, à dix heures du matin, c'était un samedi, jour de marché, quelques paysans des villages voisins se tenaient sur la grande place, moins occupés à répondre à de rares acheteurs, qu'à causer entre eux des graves événements qui s'accomplissaient; tout à coup des cris se font entendre, des hommes et des femmes, fuyant un danger inconnu, traversent la place et répandent sur leur passage le désordre et l'alarme : les Cosaques étaient à Montdidier.

Un instant la ville put se croire délivrée : les ennemis, après avoir levé une lourde contribution, se retirèrent le jour même. Mais cette troupe peu nombreuse était venue pour éclairer la marche d'un corps plus considérable, et, le lendemain, huit cents cavaliers cosaques et prussiens entraient à Montdidier, commandés par le baron Frédéric de Guesmar, colonel aux gardes de l'empereur de Russie. La place et les principales rues de la ville furent aussitôt converties en bivouacs et l'on put voir campés en plein air, au milieu de leurs chevaux, ces hommes à la figure sauvage, conduits en France par les hasards de la guerre, eux qui avaient jusqu'alors dressé leurs tentes en peaux de brebis dans les plaines voisines du Caucase, sur les rivages du Don ou au pied même de la muraille de la Chine.

C'étaient pourtant, il faut le reconnaître, des hôtes plus incommodes que dangereux, toutes les fois qu'ils n'étaient pas attaqués. Armés d'une autorité sans bornes, toujours prêts à user des rigueurs d'une discipline de fer, les officiers russes n'hésitaient pas à punir d'une mort immédiate la moindre violence exercée contre les habitants, et ne perdaient pas une occasion de rappeler à leurs soldats qu'ils étaient entrés sur le territoire français comme alliés de la France. Nul ne se montrait plus attentif à maintenir l'ordre que le baron de Guesmar; mais aussi nul plus que lui n'était disposé à répondre à une agression par de cruelles représailles.

La ville de Montdidier, abandonnée à elle-même, n'avait à redouter aucun péril sérieux, quand des auxiliaires qu'elle n'avait pas appelés vinrent attirer sur elle un danger terrible. Le général Avisse, commandant la place de Beauvais, imagina de se concerter avec le général d'Aigremont, commandant la garnison d'Amiens, pour chasser les Cosaques de Montdidier. Le 21 mars, en effet, une colonne de trois cents hommes, composée de lanciers et de tirailleurs de la jeune garde, partit d'Amiens et arriva vers quatre heures du soir à une lieue de Montdidier. Guesmar se porta à la rencontre des assaillants, qui, très-inférieurs en nombre et ne voyant pas arriver les troupes de Beauvais, durent battre en retraite et se replier sur Amiens. Le général Avisse, arrêté un instant par un faux rapport, arriva enfin à la tête d'un assez fort détachement de cuirassiers qui chargèrent les Cosaques et les poussèrent hors de la ville. Pendant le combat qui fut très-court, un homme du peuple, sans en avoir reçu l'ordre, était monté dans le clocher de l'hôtel-de-ville et avait sonné le tocsin, associant ainsi de sa seule autorité la ville entière à l'attaque dirigée contre les Cosaques.

Après avoir poursuivi l'ennemi, les cuirassiers rentrèrent, et Montdidier s'illumina pour saluer le retour des vainqueurs. Mais quelle fut la stupeur des habitants quand ils les virent se reformer en bataille sur la place et qu'ils entendirent le général Avisse commander le départ! Conduite inexplicable et inexcusable! Se donner le vain plaisir de faire reculer l'ennemi, étaler une preuve bien inutile du courage et de l'impétuosité de nos soldats, voilà tout ce qu'avait voulu le général, et il se retirait sans se demander quel allait être le sort d'une ville qu'il abandonnait au ressentiment d'un ennemi irrité, dont la vengeance était légitimée par les droits de la guerre. Représentations, prières, tout fut inutile : « J'étais venu pour chasser les Cosaques, répondait le général, les Cosaques sont partis, je m'en vais. » Et de nouveau il donna l'ordre du départ : les cuirassiers défilèrent au milieu des cris de reproche des hommes, des larmes et des sanglots des femmes, dont les craintes ne devaient être que trop tôt justifiées.

Le baron de Guesmar n'avait pas fui longtemps, il s'était arrêté à Roye ; quatre lieues seulement le séparaient de Montdidier. Dès le lendemain, il fit savoir aux habitants qu'il leur accordait vingt-quatre heures pour quitter la ville qui devait être pillée et réduite en cendres. Dans la nuit, comme pour donner plus de poids à cette menace, les Cosaques avaient investi le village de Bouchoir, situé aux portes de Montdidier, et l'avaient livré aux flammes ; cinquante-sept maisons avaient été brûlées. Qu'on se figure le triste spectacle qu'offrit alors à Montdidier cette population abandonnant ses foyers menacés de ruine ! Toute idée de résistance eût été une folie : huit cents soldats allaient détruire une ville qui compte aujourd'hui plus de quatre mille habitants, mais qui pouvait à peine opposer à la colère de Guesmar cinquante hommes en état de porter les armes ! Ces temps sont bien près de nous, mais déjà il est impossible aux générations actuelles d'imaginer quel était alors l'état d'épuisement de la France. Tous les hommes étaient restés sur les champs de bataille ; et les cités, comme les villages, n'avaient plus d'autres défenseurs que des vieillards ou des enfants, les uns trop vieux, les autres trop jeunes pour les sanglantes hécatombes qui avaient payé une gloire militaire bien chèrement achetée.

Ceux qui ont vu fuir aux approches des eaux d'un fleuve débordé les populations riveraines de la Loire ou du Rhône, peuvent se représenter l'aspect qu'offrit Montdidier le 26 mars 1814 : des hommes et des femmes chargés des quelques objets qu'ils dérobaient aux flammes, des vieillards quittant à regret cette ville où ils avaient marqué d'avance la place de leur tombeau, des malades emportés sur des brancards, des enfants arrachés à la légèreté de leur âge par les larmes de leurs parents, et jetant un triste et dernier regard sur leur berceau, comme s'ils eussent senti déjà l'horreur du malheur commun. Pendant quelques heures, les routes furent couvertes d'un long cortége en deuil, puis la ville resta morne et silencieuse.

Seuls quelques hommes courageux, quelques femmes héroïques, refusèrent de s'éloigner. Comme ces sénateurs romains qui attendaient les barbares sur leurs siéges curules, ils résolurent d'attendre aussi l'ennemi, gardant au cœur un dernier espoir, et s'attachant jusqu'à la fin au sol de leur patrie. Et pourtant ils savaient que bien souvent les Cosaques irrités n'attendaient pas, pour la brûler, qu'une maison fût déserte. Combien de fois les avait-on vus repousser dans les flammes les malheureux qui cherchaient à s'élancer hors de leurs fermes incendiées ! Certes, Montdidier n'était pas moins près de sa ruine que la vieille cité de Calais réduite à toute extrémité par le roi Édouard ; mais, comme Calais, Montdidier allait voir se lever un Eustache de Saint-Pierre.

M. Jean du Puy, né le 25 septembre 1765, à Beaulieu, département de la Corrèze, était venu se fixer à Montdidier, à la prière de sa proche parente, madame de Louvancourt. Il avait épousé Anne-Louise-Désirée d'Origny, qui, aux charmes d'une grande beauté, à l'avantage d'une noble naissance, joignait les plus précieuses qualités du cœur et de l'esprit. Un amour réciproque avait seul consacré cette union, car la fortune considérable de M. du Puy n'était qu'égale à celle de mademoiselle d'Origny. De cet heureux mariage étaient nés deux fils et cinq filles. Établi depuis plus de vingt ans à Montdidier, où il avait exercé les charges les plus honorables, entouré de l'estime et de l'affection de ses concitoyens, M. du Puy aimait à se considérer comme Montdidérien. Jouissances de la fortune, haute position sociale, joies de la famille, rien ne manquait au bonheur de M. du Puy. Si nous entrons dans ces détails, c'est que nous voulons faire comprendre quel prix devait avoir pour lui la vie qu'il allait exposer pour sauver la cité, sa patrie d'adoption. Sans doute le dévouement d'un homme, quel qu'il soit, est toujours une noble et grande chose; mais plus on a de raisons d'aimer la vie, plus on a de mérite à braver la mort, et Froissart le sentait bien, quand il écrivait : « Alors se leva *le plus riche* bourgeois de la ville, qu'on appelait messire Eustache de Saint-Pierre. »

M. du Puy était un des rares citoyens restés à Montdidier pour affronter la tempête. Président de l'Assemblée cantonale et commandant de la garde nationale, dont il était presque le seul représentant le 26 mars 1814, il n'avait pas voulu abandonner son poste. Déjà, depuis quelque temps, prévoyant la gravité des événements, il avait envoyé dans le Limousin, chez sa sœur, la comtesse de Lauthonie, sa femme et ses enfants, à l'exception de son fils Théophile du Puy, alors âgé de quinze ans. Aucune de ces touchantes voix de la famille, qui ébranlent parfois les plus résolus, ne pouvait donc faire obstacle à ses généreux sentiments.

Au lieu d'attendre l'ennemi, M. du Puy, accompagné de MM. Lefebvre, curé de Saint-Pierre, Ballin, adjoint au maire, et Bajet, receveur des finances, partit en toute hâte pour Roye; et, après avoir franchi, grâce à sa fermeté, les lignes ennemies, il se présenta chez M. Bertin, dont la maison servait de quartier général au baron de Guesmar. « Je ne veux rien entendre! s'écria le colonel. Montdidier a sonné son tocsin, on m'a tué des cavaliers, je veux les venger : Montdidier sera brûlé! »

Celui qui avait affronté les lances des sentinelles cosaques pour pénétrer jusqu'à Guesmar ne pouvait pas reculer en voyant ses premiers efforts inutiles; il insista auprès de M. Bertin, le priant de dire au colonel que la ville était innocente, que tout s'était fait sans le consentement des autorités. Trois fois M. Bertin vint transmettre à Guesmar les prières de M. du Puy et fit tous ses efforts pour obtenir du colonel quelques paroles de clémence. Pour toute réponse, Guesmar donna l'ordre de fusiller l'ambassadeur opiniâtre s'il ne se retirait immédiatement.

M. du Puy revint avec ceux qui l'avaient suivi, rapportant la triste nouvelle aux habitants, qui, réunis sur la place, attendaient son retour avec anxiété. Le lendemain 27 mars, on apprit que Guesmar approchait avec ses cavaliers chargés de torches, de poix et de résine. Plus de doute, la résolution de Guesmar était inébranlable, la perte de la ville était décidée.

Mais plus la situation était désespérée, plus le courage de M. du Puy s'enflammait : il prend par la main son jeune fils Théophile, qui refusait de le quitter; il sort de la ville et s'avance sur la route au devant de la cavalerie ennemie. Un instant repoussé par l'avant-garde, il passe à travers les rangs, et parvient enfin jusqu'à Guesmar, qui arrête son cheval et ne peut cacher son étonnement à la vue de cet homme qui vient de braver une mort presque certaine, et dans lequel il devine l'ambassadeur qu'il a refusé de recevoir la veille. « Cette fois, général, s'écrie M. du Puy, vous m'entendrez, vous me permettrez de faire appel à votre humanité, à votre justice. Vous venez au nom de notre roi Louis XVIII; voulez-vous donc qu'il ne règne que sur des cendres? Vous voulez faire un exemple, dites-vous; eh bien! prenez ma maison : c'est une des plus belles de la ville; brûlez-la, mais épargnez les autres! — Conduisez-moi chez vous, dit Guesmar. »

Arrivé en face de cette maison, l'une des plus belles de la ville, en effet, et qui est aujourd'hui l'Hôtel de la sous-préfecture, Guesmar mit pied à terre, donna quelques ordres en langue russe, entra avec tout son état-major dans cette habitation qu'on lui offrait en holocauste, et, se retournant enfin vers M. du Puy : « Monsieur, vous êtes un courageux citoyen ; je vous accorde le pardon de Montdidier, et je vous prie de me considérer désormais comme votre ami. »

La ville était sauvée.

Là ne devaient pas s'arrêter les généreux sacrifices de M. du Puy : après avoir exposé sa vie, il donna son argent. D'abord, pendant près d'un mois, il logea chez lui le baron de Guesmar, son état-major, ses gens et ses chevaux, et supporta seul les frais de cette coûteuse hospitalité. Puis, sachant combien il était dangereux de mécontenter ses hôtes, il s'engagea à payer et paya en effet une grande partie des fournitures exigées à titre de réquisitions. Les dépenses qu'il s'imposa ainsi pour la ville s'élevèrent à la somme considérable, à cette époque surtout, de 40,000 fr. Plus tard, le maire, avec le consentement unanime du conseil municipal, voulut indemniser M. du Puy, qui, généreux jusqu'à l'excès, refusa toute indemnité pécuniaire. Disons, en passant, que M. du Puy avait mis à profit l'amitié que lui témoignait le baron de Guesmar, pour empêcher le pillage de plusieurs des maisons abandonnées par ceux qui s'étaient retirés à Beauvais ou à Amiens pour y attendre la fin de l'orage.

Le calme ne tarda pas à renaître, et la ville fut rendue à ses habitudes de paisible tranquillité. Contrairement à ce qui arrive trop souvent, les habitants de Montdidier n'avaient pas oublié, après le danger, celui qui les avait sauvés. Le maire surtout, M. le chevalier de Fransures, ancien officier de marine, qui, à l'énergie habituelle aux hommes de sa profession, joignait la plus grande élévation de caractère, appréciait hautement un acte de courage auquel il regrettait de n'avoir pu s'associer. Le baron de

Guesmar était persuadé que le maire avait fait sonner le tocsin; il l'avait désigné aux coups de ses soldats, et nulle intervention n'eût été plus dangereuse pour la ville que celle de son premier magistrat. Le 23 septembre, M. de Fransures, en son nom et au nom des habitants de Montdidier, adressait au Roi une demande par laquelle il sollicitait pour M. du Puy des lettres de noblesse. La réponse du Roi fut celle qu'on devait espérer d'un souverain capable d'apprécier tous les genres de courage, et qui lui-même, quelques mois plus tard, rentrant pour la seconde fois dans sa capitale, et apprenant que Blücher voulait faire sauter le pont d'Iéna, écrivait au général prussien d'attendre qu'il se fût transporté dessus.

Le passage suivant est extrait de ces lettres de noblesse inscrites dans les archives de Montdidier :

Louis, par la grâce de Dieu, roi de France et de Navarre, à tous présents et à venir, salut.

Voulant donner à notre amé le sieur Jean du Puy, ancien officier de cavalerie, propriétaire et membre du collége électoral du département de la Somme, un témoignage de notre bienveillance et récompenser ses bons et loyaux services, nous l'avons, par notre ordonnance du 7 mars 1815, décoré du titre de NOBLE..... Nous avons, de notre grâce spéciale, pleine puissance et autorité royale, ANOBLI, et par ces présentes, signées de notre main, anoblissons ledit sieur du Puy, voulons qu'il soit censé et réputé noble, tant en jugement que dehors, ensemble ses enfants, postérité et descendance mâle et femelle, nés et à naître en légitime mariage; que, comme tels, ils puissent prendre en tout lieu et en tout acte la qualité d'ÉCUYER et jouir des rangs et honneurs réservés à notre Noblesse. Permettons audit sieur du Puy, à ses enfants, postérité et descendants, de porter les armoiries timbrées telles qu'elles sont désignées et timbrées aux présentes, et qui sont « *d'azur à deux saumons d'argent adossés, l'écu timbré d'un casque de profil orné de ses lambrequins.* »

. . . .

. . . .

Signé :

LOUIS.

Par le Roi,
Le garde des sceaux de France,
BARBÉ-MARBOIS.

M. du Puy fut touché de cette marque d'estime de ses concitoyens; et telle était la sage simplicité, l'habituelle modestie de cet homme digne des temps antiques, que nul ne put soupçonner, à la manière dont il accueillit cette haute distinction, qu'il était déjà noble de naissance comme de cœur. Certes, les actions d'éclat, les vertus ou les grandes capacités civiles ne sont pas l'apanage exclusif de la noblesse; mais il serait injuste de ne pas reconnaître que ce droit de transmettre un honneur glorieusement conquis, que cette hérédité des récompenses eut souvent pour résultat d'imposer aux fils l'obligation de marcher sur les traces de leurs pères. Jadis les Francs, fils des Sicambres, ne s'alliant qu'entre eux, conservant avec la dignité de leurs titres les habitudes belliqueuses, l'exercice perpétuel de la chasse, des armes, restaient physiquement aussi, de *hauts et puissants seigneurs*. On le voit par les peintures et les sculptures qui les représentent dominant de leur grande taille leurs vassaux, frêles descendants des races vaincues. Les qualités morales se transmettent mieux encore que les qualités physiques. Or, ce précieux héritage des nobles instincts, des sentiments élevés, des généreuses aspirations, que le proverbe traduit par ces deux mots : « Noblesse oblige. » M. du Puy l'avait reçu de ses ancêtres.

Dans les derniers siècles, la noblesse composait exclusivement la gendarmerie, la tête des armées et la classe qui y exerçait le commandement. Au nombre des différents corps que comprenait, sous Louis XVI, la maison militaire du Roi, on comptait un corps spécial désigné sous le nom de *Gendarmerie de Lunéville*, et formé des débris des *Compagnies d'ordonnance des Gentilshommes*, supprimées par Louis XIV après la paix des Pyrénées. Ce corps conserva toujours ses anciens priviléges; « les simples gendarmes passant en d'autres corps prenaient rang de lieutenants *. » Ils devaient donc nécessairement être de famille noble,

* Potier (1770, X). — Dans un ouvrage considérable, resté manuscrit, Potier consacre soixante-douze pages in-folio à l'histoire de la gendarmerie de Lunéville.

(*Journal de l'Armée*, tome III, page 208.)

car une ordonnance royale du 22 mai 1781, qui ne faisait que rappeler un usage constamment suivi, déclarait « qu'aucun Français, s'il n'était noble, n'était habile à obtenir le grade d'officier *. » Or, M. du Puy avait servi dans la gendarmerie de Lunéville jusqu'au jour où ce corps fut supprimé par une ordonnance du 2 mars 1788. On a pu remarquer que les Lettres royales citées plus haut donnent à M. du Puy la qualification d'ancien officier de cavalerie.

Nous dirons, en terminant, pourquoi nous avons tenu à donner la preuve incontestable de ce fait, que, déjà noble, M. du Puy n'avait tout au plus à demander au Roi que des Lettres de confirmation. Ce nom, qu'il avait anobli pour la seconde fois, devait s'éteindre avec lui : des deux fils qu'il avait eus, l'un mourut encore enfant; l'autre, Théophile du Puy, que nous avons vu marcher avec son père au devant des Cosaques, était, à vingt-quatre ans, capitaine au 7e régiment de chasseurs à cheval. Il périt à Vittoria, le 7 novembre 1823, au retour de cette expédition d'Espagne si heureusement dirigée par le duc d'Angoulême. Théophile du Puy avait su se faire remarquer parmi les officiers d'une armée dont la conduite parfaite et la discipline exemplaire ont fait dire au ministre Canning « que jamais armée n'a occasionné moins de maux et n'en a plus empêché. »

Nous n'avons pas voulu seulement payer un juste tribut à la mémoire d'un courageux citoyen, et rappeler au souvenir des habitants de Montdidier le service éminent qu'il leur avait rendu. Dans une publication déjà ancienne, les *Chroniques montdidériennes*, le spirituel auteur de la *Femme de quarante ans*, M. Galope d'Onquaire, s'était, avant nous, chargé de ce soin pieux; et, dans un discours prononcé sur la tombe de M. du Puy, le docteur Mangot, médecin de la famille, a rendu un éloquent hommage à son dévouement patriotique. Nous voulions surtout exprimer un vœu, et ce sera là notre conclusion.

* *Dictionnaire de l'Armée de terre*, par le général Bardin.

M. du Puy n'avait souhaité et n'aurait jamais sollicité aucune récompense; celle que demandèrent pour lui ses concitoyens, si précieuse à tout autre, perdait toute sa valeur en lui apportant un avantage qu'il possédait déjà. Donc, la dette de Montdidier est encore à payer. Cette ville, que nous avons plusieurs fois traversée, est une ville reconnaissante; nous n'en voulons d'autre preuve que cette statue élevée à l'homme illustre qui naquit dans ses murs, et le nom de Parmentier donné à l'une de ses places. Changer le nom d'une rue est souvent chose grave aux yeux des amateurs d'archéologie; mais, parmi toutes les rues de Montdidier, ne serait-il pas facile d'en trouver dont le nom soit assez insignifiant au point de vue historique ou artistique pour que tout le monde le voie disparaître sans regret? A une époque où le grotesque se mêla si souvent au terrible, au temps de la déesse Raison, n'a-t-on pas vu, par d'étranges baptêmes, les vieilles rues de Montdidier transformées en rues des *Sans-Culottes*, du *Son-du-Canon*, du *Bonnet-Rouge*, de la *Carmagnole*?

Pourquoi la rue des Juifs, par exemple, où s'élève la maison jadis offerte aux torches des Cosaques, ne s'appellerait-elle pas un jour la rue *Jean du Puy*? Certes, ce serait là un changement qui ne blesserait personne, une pieuse marque de souvenir donnée à un acte de généreux patriotisme; et dans quelques siècles les archéologues futurs qui écriront l'histoire de Montdidier seront heureux de trouver dans ce nom donné à une rue l'occasion de raconter la vieille et belle histoire de Jean du Puy, si digne d'appartenir à une de ces familles chrétiennes, riches et nobles, qui font aimer la religion et légitiment aux yeux de tous la richesse et la noblesse; car pour elles Religion veut dire Indulgence; Richesse, Bienfaisance; et Noblesse, Respect de tous les devoirs.

FIN

www.ingramcontent.com/pod-product-compliance
Lightning Source LLC
LaVergne TN
LVHW020455230826
846091LV00008BA/3225

* 9 7 8 2 0 1 3 6 6 8 0 2 6 *